Moyen de faire entrer

QUATRE MILLIARDS ET DEMI

DANS LES CAISSES DE L'ÉTAT

SANS EMPRUNTS — SANS IMPOTS

PAR

L. PAINCHON

> Pas un mot de la politique
> qui nous divise, rien que
> l'intérêt qui nous rapproche.

BROCHURE A LIRE

à l'Atelier, à l'Usine, au Café, au Cercle, au Salon,
à Table d'Hôte, à la Caserne, en Wagon,
à l'École, etc., etc.

Moyen de faire entrer

QUATRE MILLIARDS ET DEMI

DANS LES CAISSES DE L'ÉTAT

SANS EMPRUNTS — SANS IMPOTS

PAR

L. PAINCHON

> Pas un mot de la politique
> qui nous divise, rien que
> l'intérêt qui nous rapproche.

BROCHURE A LIRE

à l'Atelier, à l'Usine, au Café, au Cercle, au Salon,
à Table d'Hôte, à la Caserne, en Wagon,
à l'École, etc., etc.

LA CRISE COMMERCIALE

Depuis longtemps nous subissons une crise commerciale dont nul ne peut prévoir la fin.

Notre pays se trouve dans une situation exceptionnelle, et le malaise que nous éprouvons ne peut aller que de mal en pis.

Nous sommes le peuple le plus endetté de la terre : nous marchons avec des charges dépassant 40 milliards, comprenant les dettes Nationale, Communales et Départementales.

La dette flottante est de 3 milliards.

Les taxes payées, tant pour l'État que pour les communes et les départements, s'élèvent à plus de 5 milliards, c'est-à-dire au tiers du revenu annuel de la France.

Toutes ces charges pèsent lourdement sur tous les produits et provoquent forcément une

main-d'œuvre élevée, mais complètement insuffisante pour la majeure partie des travailleurs.

Pour soutenir la concurrence étrangère, le
commerce et l'industrie font un pressant appel
à la science, et nous absorbons, pour nos
besoins, une quantité de produits falsifiés,
sophistiqués, nuisibles à la santé, contribuant
à l'abâtardissement de la race.

La chimie joue un très grand rôle dans
notre alimentation.

Nous trouvons une preuve des souffrances
de la nation dans ce fait que, d'année en année,
le chiffre des naissances diminue en France de
10,000 par an.

Voici les résultats :

Depuis 1884 : 937,758 naissances.
   »   1885 : 924,558   »
   »   1886 : 912,880   »
   »   1887 : 899,333   »
   »   1888 : 882,639   »

En 1887, l'excédent des naissances sur les
décès a été de 57,708, soit un accroissement de

population inférieur à 2 pour 1000, tandis qu'il dépasse 9 pour 1000 en Allemagne.

Les privations, l'énormité des impôts de consommation, l'incertitude du lendemain, la crainte de ne pouvoir nourrir les enfants, sont de puissants obstacles au développement de la famille.

Les cataclysmes financiers, comme Panama et le Comptoir d'Escompte, aggravent la situation, en retranchant de la circulation des revenus se chiffrant par centaines de millions.

Les exploiteurs de la crédulité publique, les écumeurs financiers, par les emprunts d'État et les émissions de valeurs étrangères drainent nos capitaux au préjudice de l'industrie et du commerce français et raréfient les transactions.

Les grands magasins, par la puissance du capital, accaparent et monopolisent tous les commerces, causent un préjudice énorme au petit commerce, qui tend à disparaître ; à l'industrie, qui se voit forcée de travailler à vil prix ; à la propriété, qui voit diminuer de jour en jour le nombre des commerçants susceptibles de louer les boutiques. Un grand nombre de commerçants vivent bien plus sur leur épargne ou le crédit que sur leurs bénéfices.

La misère est grande chez les travailleurs, et tous les jours les journaux enregistrent les suicides de malheureux dénués de ressources.

Il y a une tendance bien naturelle chez des gens dont les affaires ne vont pas, à diminuer les frais généraux.

On prend des loyers moins élevés, on réduit le personnel, les appointements et les salaires.

En un mot, la fortune publique est gravement atteinte, et cette dépréciation se fait sentir dans toutes les transactions, ce qui justifie les déficits budgétaires.

Ajoutons que notre armement n'est pas complet, que nos côtes sont sans défense, que notre flotte est insuffisante, qu'il faut encore dépenser des centaines de millions, et nous succombons sous le poids des charges.

La planche aux assignats fonctionne sous le nom de « Bons du Trésor » et des ministres malhonnêtes pourraient en abuser.

Une des causes de la crise

Peut être attribuée à l'élévation des prix de transports par chemin de fer lorsqu'il s'agit de produits français et à l'abaissement des tarifs pour les produits étrangers s'arrêtant sur nos marchés.

L'industriel et le commerçant sont particulièrement intéressés à faire circuler leurs marchandises au meilleur marché possible; et jusqu'à présent les Compagnies se sont constamment efforcées de favoriser nos voisins au détriment du commerce national.

Les Allemands jouissent de rabais considérables, et, grâce aux tarifs de pénétration, ils nous envahissent avec leurs marchandises de toutes sortes, confectionnées dans de meilleures conditions que les nôtres, puisqu'ils ne sont pas, comme nous, écrasés de dettes et de charges.

Plus de 180 classes de marchandises étrangères profitent de rabais de 20 à 75 pour 100 sur les taxes appliquées aux marchandises nationales similaires.

Nous ne pouvons lutter avec succès dans des conditions semblables, et la crise, au milieu de laquelle se débat si péniblement le pays, s'accentue de plus en plus.

L'État est complètement prisonnier des Compagnies, et sous sa garantie et avec sa protection, elles livrent nos marchés à la concurrence étrangère, ruinent toutes les industries et jettent sur le pavé des milliers de travailleurs.

La majeure partie de la nation est limitée dans ses dépenses ; nous éprouvons tous le besoin de faire des économies, nous recherchons tous le bon marché dans l'achat de toutes les choses nécessaires à la vie.

Nous achetons les produits étrangers et nous délaissons les nôtres : la nécessité domine le patriotisme. Nous arrivons nous-mêmes à tuer notre propre industrie, grâce à la concurrence redoutable préparée par les Compagnies.

Ces produits manufacturés n'ont circulé qu'une fois sur nos rails. Ces différentes matières n'ont pas circulé, n'ont pas été produites, préparées, triturées, manipulées dans nos usines, dans nos ateliers; charriées et camionnées dans le pays.

Dans ces nombreuses transformations, la main-d'œuvre française n'a pas été utilisée. Elle a été privée de salaires considérables et se trouve obligée de donner la préférence aux produits qui sont la cause de sa ruine, parce qu'ils sont moins chers.

Nous pourrions citer de nombreux abus, mais cela nous entraînerait trop loin.

Est-il possible d'admettre que si l'État exploitait les chemins de fer, de pareilles monstruosités pourraient exister ?

La trop facile tendance que nous avons à critiquer les actes du Gouvernement est une garantie, qu'il serait invité à bien faire et à ne pas favoriser les étrangers au préjudice des nationaux.

Au point de vue de la défense nationale, il est intéressant, indispensable que l'État possède les chemins de fer. Nous sommes dans un état d'infériorité flagrante vis-à-vis de l'Allemagne.

Au point de vue économique et financier, le

.. rachat s'impose parce qu'il peut donner d'énormes ressources au pays.

Nous ne cesserons de le répéter, l'État est prisonnier des Compagnies, et sa trop grande condescendance est la cause de la ruine nationale.

~~~~~~~~~~~~

LE RACHAT

Proposer le rachat des chemins de fer représentant une valeur de plusieurs milliards à une nation endettée de 40 milliards et succombant sous le poids des charges, cela peut paraître une utopie.

Et cependant rien n'est plus facile à faire, sans emprunt et sans impôts.

Dans toutes les concessions de chemins de fer, l'État s'est réservé le droit de rachat, mais les conventions Raynal sont venues compliquer l'exercice de ce droit en le rendant plus difficile et plus onéreux.

Il faut sortir de la routine par une combinaison nouvelle : prendre par l'intérêt tous
~~~~~~~~~~~~

ceux qui sont la cause *indirecte* de la crise commerciale et industrielle, éviter l'intervention de la haute banque et tous les tripotages qu'elle entraîne à sa suite.

Nous prétendons que dans cette opération, l'État, loin de s'endetter, peut encaisser, comme bénéfice de l'opération, 4 milliards 500 millions.

Nous divisons l'opération en deux parties.

PREMIÈRE PARTIE

Remboursement des actions

L'État est propriétaire des chemins de fer sous la condition de rembourser aux Compagnies, à l'expiration des concessions, le matériel à dire d'experts.

Les Compagnies sont usufruitières, et l'État n'a, en ce moment, qu'une nue propriété.

Dans la pratique des affaires, la nue propriété d'une chose n'a de valeur que suivant l'âge de l'usufruitier.

Dans l'espèce, l'usufruitier est jeune puisque

la fin de la jouissance est déterminée par l'expiration des concessions, ayant encore 75 à 76 ans à courir.

La nue propriété n'a aucune valeur actuellement, puisqu'il faudrait attendre 75 ans avant de recevoir le moindre intérêt.

Si, par une combinaison financière, on achète l'usufruit, l'État aurait la possession d'une immense valeur négociable, mobilisable à volonté.

Avec une loi, on peut tout faire.

Nous proposons de racheter toutes les actions avec une prime de 25 pour 100 sur le cours moyen des cinq dernières années.

Toutes les actions, ainsi majorées, seraient remboursées au moyen de rentes sur l'État, 3 pour 100, au cours de 80 fr.

La rente sur l'État représente une valeur aussi sérieuse, aussi facilement négociable qu'une action de chemin de fer.

Supposons que le total des actions des six grandes Compagnies représente une somme de 3 milliards 600 millions, avec la prime de 25 pour 100, cela représente un chiffre de

4 milliards 500 millions, donnant en rente 3°/₀ au cours de 80 fr., un total de 170 millions.

L'opération est séduisante pour les actionnaires dont la fortune se trouve subitement augmentée de 25 pour 100.

Les actions de chemins de fer, achetées au cours du jour, ne donnent qu'un intérêt de 3 ½ à 4,10 pour 100. Personne n'a de motifs sérieux pour refuser cette proposition qui conduit, comme on le verra bientôt, à des avantages plus grands encore.

Par cette combinaison, l'État devient propriétaire de la totalité de la valeur des chemins de fer, y compris le domaine privé, puisque l'ensemble des actions représente l'actif des Compagnies.

Nous ne parlons pas des obligations, dette privilégiée, remboursables à des époques déterminées. Qui a terme, ne doit rien.

L'État en ferait le remboursement dans les termes et conditions stipulés au moment des émissions.

Par cette combinaison, l'État se trouve obligé de faire face à toutes les dépenses ; il a toutes les recettes et se trouve privé d'une partie des impôts payés par les Compagnies. Il devient maître des tarifs, il peut les unifier sur toutes les lignes.

Cette première opération faite, il faut faire disparaître la charge des 170 millions de rente, l'anéantir et faire entrer dans les caisses de l'État, comme bénéfice de l'opération, net, 4 milliards et demi, somme égale au prix de rachat.

DEUXIÈME PARTIE

Mobilisation de la pleine propriété

Par la première opération, les conventions Raynal sont annulées.

L'État a besoin d'argent, les contribuables sont écrasés, il ne faut pas que la charge des 170 millions de rentes créées pour le rachat pèse sur eux.

Par un artifice d'écriture, par un jeu de comptabilité, une seconde opération se fait en même temps que la première, la charge disparaît en même temps qu'elle naît : elle est seulement fictive.

La toute propriété des chemins de fer est mobilisée par la création de 1,800,000 titres nouveaux, émis à 5,000 fr. l'un.

Mais, pour que cette opération soit nationale, républicaine et socialiste, les titres seront livrés au public contre un premier versement de 20 fr., avec facilité de se libérer par acomptes de 20 fr. en 20 fr. à volonté.

Ce titre reçoit le nom de « Billet de Circulation. »

Il est nominatif ou au porteur, au gré du titulaire.

Il ne rapporte ni intérêt ni dividendes.

Tous les ans, sans frais, il est délivré un nouveau titre muni de tickets au porteur d'un franc chacun, dans la proportion de 10 pour 100 de la somme dont le « Billet de Circulation » est libéré.

Pour les versements effectués dans le courant de l'année, il est remis des tickets dans la proportion de 10 pour 100 des sommes versées.

Ces tickets sont reçus dans toutes les gares pour le paiement des frais de transports des voyageurs et des marchandises, dans la proportion de 50 pour 100.

Le franc fort est payé en espèces, ainsi : 25 fr. sont payés : 13 fr. en espèces, 12 fr. en tickets.

Par cette combinaison, l'État reçoit le double de ce que l'achat a coûté, soit 9 milliards. La première opération se trouve noyée dans la seconde ; les actions majorées de 25 pour 100 sont reçues en paiement ou en acompte sur les nouveaux titres, qui donnent un revenu bien supérieur à l'action remboursée.

Tous les porteurs de « Billets de Circulation » sont transformés en administrateurs indirects des chemins de fer, en pourvoyeurs de marchandises et de voyageurs, faisant eux-mêmes leurs dividendes.

A l'initiative et à l'intelligence de quelques administrateurs, on substitue l'initiative et l'intelligence de tous les porteurs de titres, et, guidés par l'intérêt personnel, cela tourne au profit de tous.

Tous les peuples qui nous entourent, s'ils veulent continuer la lutte commerciale et industrielle avec nous, seront obligés d'acheter le « Billet de Circulation », sinon ils paieront en espèces les tarifs complets.

Aujourd'hui, personne n'a d'intérêt à acheter une action de chemin de fer plutôt qu'une autre valeur. Mais tous ceux qui consomment des chemins de fer auront intérêt à acheter le « Billet de Circulation » pour profiter du rabais de 50 pour 100 sur les frais de transports.

Celui qui fait venir une barrique de vin de Bordeaux à Paris paye 12 fr., il ne paierait plus que 6 fr.

Une pièce de vin de 100 fr. coûterait donc 6 pour 100 de moins.

Nous avons des charbons de terre et autres richesses du sol, qui ne peuvent circuler au delà d'une certaine distance, sans cela elles ne seraient plus vendables ; diminuer les frais de transport de moitié, c'est comme si on abrégeait la distance de moitié.

Le charbon, ce pain noir de l'usine, pourra s'offrir à une distance plus éloignée de la mine et faciliter l'industrie nationale, tout en garantissant des salaires à cette classe si intéressante des mineurs.

Il en sera de même pour tous les produits dont les débouchés se trouvent considérablement augmentés.

Les tarifs de pénétration sont complètément supprimés, et tous les peuples sont traités sur le même pied d'égalité que nos nationaux.

Qui ne voit d'ici la grande révolution économique que produirait cette réforme?

La fortune publique ne se développe que par les transactions, le déplacement, la circulation, et, dans cette combinaison, des milliers d'individus sont intéressés à procurer le mouvement et la circulation.

La réduction des frais de transports est une incitation aux voyages, elle répond à tous les besoins de la vie, elle exerce une influence sur les liens de famille et de l'amitié.

Elle contribue puissamment à l'accroissement de la fortune publique par des répercussions que ne peuvent avoir les Compagnies de chemins de fer.

Lorsqu'une Compagnie a transporté de la pierre, de la brique, du bois, du fer, son rôle est fini.

Pour l'État, il y a un intérêt tout autre à favoriser ces transports.

Les matériaux assemblés formeront une maison qui paiera l'impôt foncier, la taxe des portes et fenêtres, la cote mobilière, et la patente s'il y a un commerçant.

L'abaissement des tarifs ferait mettre un prix plus élevé dans l'acquisition d'une ferme, d'une usine, d'un bois, d'une mine ou carrière, parce que les produits circulant à meilleur marché auront des débouchés plus importants, et l'État, par les droits de transmission, fait des perceptions plus élevées.

Il est clair que ceux qui sont obligés d'habiter la banlieue et de venir tous les jours à la ville, mettront d'autant plus cher dans leurs loyers qu'ils dépenseront moins pour les frais d'aller et retour.

Et, dans ce cas, il y a avantage pour l'État. Les contributions foncières et mobilières augmenteront ; la maison se vendra plus cher puisqu'il y a plus de revenu ; si le propriétaire emprunte, on lui prêtera plus puisqu'il donne plus de garantie ; les droits de succession, se calculant sur le revenu, seront plus élevés.

Dans toutes les transactions, l'État percevra plus parce que la fortune publique est développée.

C'est un enchaînement sans fin, dont les communes profiteront aussi, puisqu'elles ont une part dans l'impôt direct.

Remboursement des Billets de Circulation

Pour exciter à la prompte libération des « Billets de Circulation », ils seront remboursés par des tirages trimestriels, avec une prime égale à la somme dont ils auront été libérés. Un « Billet de Circulation » libéré de 5,000 fr. sera remboursé à 10,000 fr. ; un billet libéré de 1,000 fr. sera remboursé à 2,000 fr.

C'est aussi un moyen de raréfier les tickets pour augmenter les recettes en espèces.

Accroissement de la valeur de la propriété

Pour assurer le remboursement des « Billets de Circulation » en 75 ans, temps restant à courir des concessions, l'État verse au Crédit Foncier, comme *negotiorum gestor*, une somme de 1 milliard 250 millions, avec mission de la prêter et de la capitaliser dans les conditions spéciales ci-après :

Les prêts seront exclusivement faits aux propriétaires qui prendront l'obligation de bâtir, de surélever, d'améliorer leurs immeubles par des constructions, plantations, etc.

Ces prêts seront à longues échéances ou à courts termes, à la volonté des emprunteurs.

L'annuité sera de 5.30 par 100 fr. et par an ; 30 centimes restant au Crédit Foncier pour frais d'administration.

Sur les 5 pour 100, 2 pour 100 sont affectés à l'amortissement de l'emprunt chaque année, sans que les sommes amorties soient capitalisées au profit de l'emprunteur, et sans diminution de l'annuité de 5.30 pour 100.

Un emprunteur de 100,000 fr. sera libéré de 2,000 fr. par an, mais il continuera à servir la rente de 5,300 fr. jusqu'à la libération ou paiement anticipé.

Au début, le prêt est à 3 pour 100, mais l'intérêt augmente chaque année au fur et à mesure de l'amortissement, et l'emprunteur sera incité à conserver le prêt le moins longtemps possible et à contracter un nouvel emprunt ailleurs pour rembourser le premier, en profitant de l'amortissement, et, par suite, diminuer la rente.

Cette combinaison provoquera constamment des travaux dans tout le pays et favorisera toutes les industries se rattachant à la construction.

Tous les ans, les intérêts et l'amortissement sont employés d'abord au remboursement d'un certain nombre de « Billets de Circulation » et le surplus prêté à des propriétaires.

Non seulement tous les billets seront remboursés en 75 ans, mais encore, par la capitalisation, une somme très importante sera constituée au profit de l'État.

Les nombreux contrats notariés, dressés pour constater les emprunts, rapporteront chaque année des droits au Trésor, et le développement de la richesse foncière augmentera les recettes des contributions directes.

Les transports des matériaux de construction, sur toutes les lignes, occasionneront une recrudescence de transactions et de recettes.

Les actionnaires du Crédit Foncier verraient, chaque année, leurs dividendes s'élever par l'augmentation croissante des prêts faits avec les fonds fournis par l'État, la commission de 30 centimes par 100 francs couvrant, et bien au delà, les frais généraux, pour un établissement déjà organisé pour ces opérations.

Les Tickets

Les tickets, toujours au porteur, donneront lieu à une industrie nouvelle.

Dans toutes les villes, aux abords des gares, on vendra des tickets de circulation au-dessous du pair; la concurrence s'effectuera toujours au profit du consommateur, c'est-à-dire au rabais, puisque les guichets des gares délivreront des billets au tarif ordinaire.

Les tickets non utilisés dans l'année sont valables pour les années suivantes.

L'Exploitation

sera faite sous la surveillance des ingénieurs de l'État, par des syndicats professionnels régionaux, avec l'adjonction de soldats, dont les connaissances tehcniques et les professions pourront être utilisées dans l'industrie des chemins de fer, pendant la durée du service militaire, moyennant une indemnité, de manière à diminuer les frais d'exploitation et à assurer une puissante organisation militaire apte à faire face à tous les services en cas de guerre.

Assurances contre les accidents

Avec les conventions de 1883, les indemnités payées par les Compagnies se trouvent en réalité supportées par les contribuables, lorsqu'elles ont recours à la garantie de l'État, ce qui arrive souvent.

Pour retirer à l'Etat les charges résultant des accidents arrivés au personnel et aux voyageurs, le soin de réparer le préjudice causé serait confié à une Compagnie ayant versé un cautionnement très important.

Comme indemnité, il lui serait alloué cinq centimes par voyageur transporté, quelle que soit la distance parcourue.

En cas d'accident, un jury tiré au sort parmi les électeurs, dans le ressort du tribunal du lieu de l'accident, déterminerait le chiffre des réparations à accorder aux victimes ou à leurs familles.

Équilibre des budgets

Par l'adoption de cette réforme, la fortune publique se trouve augmentée ; toutes les branches de l'activité industrielle et commerciale prennent une extension considérable, les transactions se multiplient et donnent à l'impôt, sous toutes les formes, des recettes importantes et croissantes, tandis qu'aujourd'hui les affaires languissent, l'impôt ne produit pas assez, il paraît excessivement lourd à ceux qui le supportent, c'est-à-dire à tout le pays.

Jusqu'à présent nos hommes politiques n'ont trouvé que deux remèdes pour équilibrer le budget : l'emprunt et l'impôt.

L'emprunt paralyse les affaires en retirant de la circulation des capitaux qui auraient donné une plus-value à la matière imposable, en se reportant sur l'association, la commandite, la banque, l'escompte, la construction, l'industrie, etc.

L'impôt augmente nos frais généraux, grève tous les produits et nous met dans l'impossibilité de soutenir la concurrence étrangère sur nos propres marchés.

La combinaison proposée enrichit la nation, diminue les charges sans froisser les intérêts de personne, favorise toutes les affaires et développe le travail national.

MOYEN DE PROPAGANDE

Les bonnes idées ne suffisent pas, il faut encore les mettre en pratique.

Nos représentants, jusqu'alors, et il est à présumer qu'il en sera encore ainsi, ont toujours été préoccupés d'intrigues de couloirs, de compétitions parlementaires, de renversements de ministères, de questions personnelles : l'intérêt général a toujours été sacrifié à l'intérêt privé.

Il faut qu'une grande agitation se fasse autour de cette immense réforme.

Il faut que cette question soit discutée, débattue, dans l'usine, dans l'atelier, au café, au cercle, au salon, à la table d'hôte, à la caserne, en wagon, à l'école, au lycée, partout dans les journaux.

Il faut que tous les électeurs fassent une énorme pression sur les députés pour arriver à une prompte solution. Il n'y a pas un mot de politique qui divise, il n'y a que des intérêts qui rapprochent; il est donc facile de s'entendre.

Dans notre système, tous les instituteurs, les institutrices, les professeurs des écoles, pensions, collèges, lycées, etc., circulent gratuitement pendant les vacances légales.

Ils sont en rapport avec six millions d'élèves qui en parleront aux familles.

Tous les percepteurs et receveurs voyagent gratuitement les jours de leurs versements.

Ils sont en rapport avec la masse des contribuables.

Tous les marins, soldats et officiers voyagent gratuitement, lorsqu'ils sont en congé, de la garnison au lieu du congé et retour.

Aujourd'hui l'armée c'est toute la nation.

Tous les soldats en activité de service recevront en franchise jusqu'au poids de 10 kilogrammes : les vivres, liquides et vêtements qui leur seront adressés par les parents ou les amis. Ce moyen d'améliorer l'ordinaire, diminuerait les épidémies des casernes, qui se développent facilement dans un milieu anémique.

Tous les journaux quotidiens ont une passe permanente gratuite.

Tous ces éléments, par intérêt personnel,

feront, nous l'espérons, une active propagande en faveur de l'idée et de sa réalisation.

Nous avons dû nous renfermer dans un cadre très restreint pour vulgariser cette combinaison, mais nous nous proposons de faire des conférences dans toutes les villes pour le développer plus longuement, pour répondre à toutes les objections, pour signaler les vices et les abus existant dans l'exploitation des chemins de fer.

5001 — Paris. — Imp. MICHELS et FILS, passage du Caire, 8 et 10.

Paris. — Imp. MICHELS ET FILS, passage du Caire, 8 et 10.

Usine à vapeur et Ateliers, rue des Filles-Dieu, 8 et 10.